Début d'une série de documents en couleur

L'ATELIER MONÉTAIRE DE ROME

DOCUMENTS INÉDITS

SUR LES GRAVEURS

DE MONNAIES & DE SCEAUX

ET SUR LES MÉDAILLEURS DE LA COUR PONTIFICALE

Depuis INNOCENT VIII jusqu'à PAUL III

Par M. Eugène MÜNTZ

ANCIEN MEMBRE DE L'ÉCOLE FRANÇAISE DE ROME
CONSERVATEUR DE L'ÉCOLE NATIONALE DES BEAUX-ARTS

Extrait de la Revue numismatique.

PARIS

IMPRIMERIE G. ROUGIER ET Cⁱᵉ

1, RUE CASSETTE, 1

1884

Couverture inférieure manquante

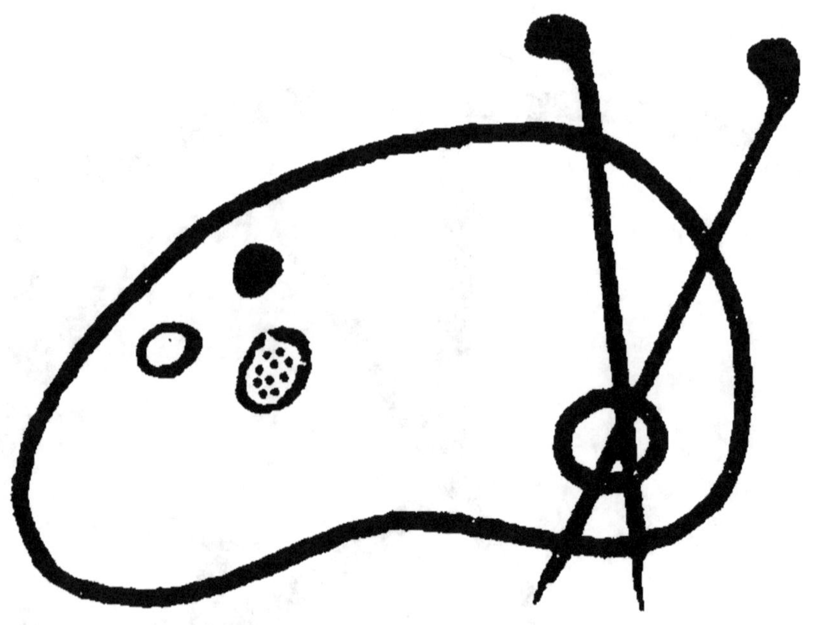

Fin d'une série de documents
en couleur

L'ATELIER MONÉTAIRE DE ROME

DOCUMENTS INÉDITS

SUR LES GRAVEURS

DE MONNAIES ET DE SCEAUX

ET SUR LES MÉDAILLEURS DE LA COUR PONTIFICALE

DEPUIS INNOCENT VIII JUSQU'A PAUL III

EXTRAIT de la *Revue numismatique*, 3º série, t. II, 1²⁴ trim. 1884,

L'histoire de la monnaie pontificale a donné lieu à des travaux plus ou moins importants, dont on trouvera la liste en note [1]. Bien que la matière soit loin

[1] Scilla, *Breve notizia delle monete pontificie antiche e moderne.* Romo, 1715. — Vignolus, *Antiquiores romanorum pontificum denarii.* Romo, 1734. — Vettori, *Il Fiorino d'oro antico illustrato.* Florence, 1738. — Fioravante, *Antiqui romanorum pontificum denarii a Benedicto XI ad Paulum III.* Rome, 1738. — Acami, *Dell' origine e antichità della Zecca pontificia.* Rome, 1752. — Garampi, *Osservazioni sul valore delle monete pontificie.* — Cinagli, *Le monete de' papi descritte in tavole sinottiche.* Fermo, 1848. — Voy. aussi Zanetti, *Nuova raccolta delle monete e zecche d'Italia.* Bologne, 1775-1789. — Vermiglioli, *Della Zecca et delle monete perugine.* Pérouse, 1810. — Ramolli, *Cenni storici della Zecca fabrianese,* Fabriano, 1838. — Moroni, dans son *Dizionario di Erudizione storico ecclesiastica,* a consacré plusieurs notices fort utiles à la Monnaie et aux monnaies de Rome. Le P. Theiner a, d'autre part, publié quelques documents intéressants sur l'atelier romain dans son

d'être épuisée, nous n'essaierons pas aujourd'hui de l'étudier à fond. Le présent travail a été entrepris au point de vue de la biographie des médailleurs et des graveurs de monnaies et de sceaux de la cour pontificale, plutôt qu'à celui de l'organisation de l'atelier monétaire lui-même, du nombre et de la valeur des pièces qui en sont sorties, ou des considérations économiques qui peuvent s'y rattacher. Ce n'est pas que nous nous soyons interdit de produire quelques documents permettant de fixer la chronologie des directeurs de cet atelier, ou d'en faire connaître le fonctionnement. Mais enfin tel n'a pas été notre objectif principal. Il nous a semblé que les préoccupations d'art tenaient assez de place dans l'histoire de la monnaie romaine pour justifier notre manière de procéder. N'est-ce pas là que l'usage de graver sur les monnaies le portrait du souverain régnant a été pour la première fois remis en vigueur et qu'un monde nouveau s'est rouvert au talent des artistes [1] N'est-ce pas là aussi que se trouvent réunis les médailleurs et les graveurs de monnaies les plus éminents de la Renaissance, les Caradosso, les Camelio, les Pier Maria de Pescia, les Benvenuto Cellini, les Leone Leoni, les Bonzagni, les Giovanni da

---

Codex dominii temporalis S. Sedis. On en trouvera d'autres dans l'*Archivio storico italiano*, 1866, t. III, p. 214, dans le *Giornale di Erudizione artistica*, de Pérouse, t. I, p. 53, 182 (monnaies de Pérouse et médailles de Paul III), t. III, p. 183 (Emiliano Orfini), dans le *Periodico di numismatica e sfragistica*, de M. Strozzi, t. I, p. 261, t. V, p. 147, 172, t. VI, p. 273, etc., etc.

J'ai eu de mon côté l'occasion de m'occuper de l'atelier monétaire de Rome et des monnaies ou médailles pontificales dans mes *Arts à la cour des Papes*, t. I, p. 3, 6, 7, 38, 184-186, t. II, p. 109-111, t. III, p. 240, 242, 244, 246.

[1] D'après M. Friedlaender (*Welches sind die ältesten Medaillen*, p. 24), Sixte IV fut le premier qui fit graver son portrait sur les monnaies.

Castro Bolognese, les Grecchetto, les Valerio Belli, les
Pastorino et tant d'autres [1] !

Grâce aux travaux de MM. Armand [2], Friedlænder [3],
et Heiss [4], la biographie de la plupart de ces artistes
a été singulièrement élucidée dans les dernières années,
en même temps que le catalogue de leurs productions,
du moins de leurs médailles coulées, a reçu le plus
grand développement.

Les présentes recherches serviront, si je ne m'abuse,
à compléter l'œuvre de ces savants. Les documents
fournis par les archives romaines permettent de rec-
tifier bien des dates, de restituer à leurs véritables

[1] Les médailles des papes ont de bonne heure fait l'objet d'études assi-
dues. Il nous suffira de citer ci-dessous les publications suivantes, dont
plusieurs sont spécialement consacrées à ces œuvres d'art si intéressantes :
Du Molinet, *Historia summorum pontificum, a Martino V ad Innocentem XI
per corum numismata.* Paris, 1679. — Bonanni, *Numismata pontificum romanorum a Martino V usque ad annum 1699.* Rome, 1690. — Le même,
Numismata summorum pontificum templi Vaticani fabricam indicantia.
Rome, 1696 et 1700. — Venuti, *Numismata romana pontificia præstantiora
a Martino V ad Benedictum XIV.* Rome, 1744. — Moehsen, *Beschreibung
einer Berlinischen Medaillen Sammlung.* Berlin, t. I, 1773. — Hauschild,
*Beytrag zur neuern Münz und Medaillen — Geschichte vom XV ten Jahrhun-
dert bis jetzo.* Drosde, 1808, p. 293 et suiv. — Le *Trésor de Numismatique
et de glyptique. Médailles coulées et ciselées en Italie. Médailles des papes* —
(avec d'excellentes notices de M. Chabouillet). — Bolzenthal, *Skizzen zur
Kunstgeschichte der modernen Medaillen Arbeit.* Berlin; 1840. — Roumont,
Geschichte der Stadt Rom, t. II, 1re partie, p. 423-426, 520. — Keary, *Synopsis
of the contents of the British Museum. Department of coins and medals.*
Londres, 1881.

[2] Les *Médailleurs italiens des* XVe *et* XVIe *siècles* ; 2e éd. Paris, 1883,
vol. in-8°.

[3] *Die italienischen Schaumünzen,* (extr. des *Jahrbücher der K. Preus.
Kunstsammlungen).* Berlin, 1881-1882, et *Die geprægten italienischen Medaillen des fünfzehnten Jahrhunderts, 1390 bis 1490.* Berlin, 1882.

[4] *Les médailleurs de la Renaissance,* Fasc. I-IV. Paris, 1881-1883; Cf. le
compte rendu de M. Ch. Robert dans la *Revue archéologique* ; janvier 1882.

auteurs bien des pièces douteuses, surtout en ce qui concerne les médailles frappées et les monnaies proprement dites. A cet égard, le dépouillement que j'ai entrepris n'aura peut-être pas été inutile.

Avant d'aborder l'histoire de l'atelier monétaire de Rome, sous les différents papes qui se sont succédé depuis Innocent VIII jusqu'à Paul III, il importe de dire un mot des emplacements occupés par cet établissement.

Eugène IV installa la « Zecca » près de la « çampanaria turris » du Vatican. Nicolas V agrandit l'édifice, qui semble avoir changé de destination sous ses successeurs, car pendant de longues années on voit les papes prendre à bail une maison dont l'emplacement n'est pas bien déterminé. Sous Jules II, la « Zecca» se trouvait près de l'église San Celso [1]. On continua, jus-

---

[1] « De officina cudendæ pecuniæ. Non longe ab ecclesia S. Celsi tua Sanctitas (Jules II) officinam pecuniæ cudendæ construxit : in quo loco aurum et argentum deargentatumque aes Florentinorum more perducere facit. Fiunt enim argenti nummi, Julii appellati, cum apostolorum ac Ruereæ familiæ insignibus, cudunturque medii julli, ac diversarum pecuniarum genera imprimuntur, quæ nunquam hujusmodi Romæ nec in terris Ecclesiæ visa sunt.

Omitto aureos nummos variis caracteribus impressos cum æneis trientibus deargentatis : quæ omnia ad Urbem ipsam Florentini transtulerunt mutatis insignibus. Aureus nummus Florentiæ extensus fuit anno Xpi MCCCCXXJIJI, quia lucri gratia quædam aliæ civitates illum extendentes figurabant, in quibus nummis ab uno latere Christus cum J°. Bapt. baptizan., ab alio vero lilium : in æneis vero deargentatis Joann. Bap. solus : ab altera parte lilium prædictum » (*Opusculum de mirabilibus novæ et veteris urbis Romæ*; Ed. de 1515, fol. 95, v°).

« Nella via di Banchi (n. 15, 16)... una piccola casa... nella quale, e in quel principio di palazzo ad essa congiunto, fu messa nel XVI secolo la Zecca di Roma, trasportandola qui dal suo luogo antico, dove oggi è il Banco di S. Spirito. » (*Il Buonarroti*, t. II, 1867; p. 5, note).

qu'à la fin du règne de Paul III, à payer un loyer considérable. Vasari nous apprend que de son temps, c'est-à-dire vers 1550, l'atelier monétaire était situé dans le voisinage de l'église Santa Lucia [1]. Depuis, comme on sait, il a trouvé un asile définitif dans un des bâtiments qui s'élèvent derrière la sacristie du Vatican.

INNOCENT VIII [2]

(1484-1492)

1484. 12 octobre. Miliano et Nardo [3] aurificibus florenos auri centum de Camera pro factura stampe plombi (sic) bullarum apostolicarum, ut est moris. — M. 1484-1486, fol. XI.

1486. 22 décembre. Antonius Altoviti [4] magister zec-

[1] Voy. mes *Arts à la cour des Papes*, t. I, p. 35, 154-156.

[2] D'après Cinagli, le nombre des monnaies frappées sous ce pontificat s'élève à 28.

A ceux de mes confrères qui seraient désireux d'étendre leurs recherches au pontificat de Sixte IV je signalerai les documents suivants conservés dans les Archives secrètes du Vatican :

Sixti IV diversorum lib. I, 1476-1478, ff. 46 v°, 245 v°, 246; lib. II, 1472-1476, ff. 136, 168 vo; lib. IV, 1475-1479, ff. 73, 179 v°, 193-196 vo; lib. V, 1476-1482, ff. 57, 195,196; lib. VI, 1482-1483, ff. 3, 160-182; lib. VII, 1471-1482, ff. 42-46, 164, 17, vo; lib. VIII, 1473-1484, ff. 78-86 v°, 327 vo, etc.

[3] Voy. sur ces artistes le t. III, p. 241-245 des *Arts à la cour des Papes*. On trouve dans les registres Diversorum Cameræ (A. S. V.) 1486-1487, ff. 211 vo-213, la mention d'un autre paiement fait à Emiliano Orfini et à Pietro Paolo Romano, en 1487, pour le compte de la monnaie de Foligno.

[4] Voy. le contrat signé avec ce personnage dans les Diversorum d'Innocent VIII, 1484-1491 lib. VI, fol. 117-125 v°. En 1550 un autre Antonio Altoviti, archevêque de Florence, « Zechæ almæ urbis præsidens », confirma en cette dernière qualité les statuts de la corporation des orfèvres de Rome.

che S^{mi} domini nostri Pape in alma Urbe...—M. 1486-1488, fol. 91 v°.

1488. 22 septembre. Spectabili viro Anthonio Altiviti (*sic*) magistro zeche alme Urbis florenos sexcentos sexaginta ad rationem decem carlinorum pro floreno [1] pro totidem de mandato S^{mi} domini nostri pape expositis a prima die qua ipse prefuit dicte zeche usque per totum mensem augusti proxime preteriti pro salario suprastantium et pro assagio generali ac pro fieri faciendo ac destruendo ex ordinatione camere apostolice certam quantitatem quadrinorum (*sic*) in dicta zecha et pro pensione domus dicte zeche ac salario ministrorum ac aliis expensis factis in dicta zecha tempore quo non fuerunt facti quadrini, juxta tenorem capitulorum desuper emanatorum = fl. vɪᶜ ʟx. —

[1] Une pièce de 1485-1486 fixe en ces termes la valeur du ducat d'or de la Chambre apostolique : « Ducati autem valor juxta ritum hujus libri intelligi debet ubi aliter non exprimitur ad rationem LXXII bol. sive baiochor. et quilibet bol. valet 20 denarios ». (Reg. tesoria patrim. 1484-1485, fol. I.)

Mais dès 1487 Antonio Altoviti s'engage à frapper *a bononenos papales* de argento valoris *sex quatrinorum pro singulo, quorum LV valeant unum ducatum auri de camera.*(Voy. Marini, *degli archiatri pontificj*; Rome, 1784, t. I, p. 321). On trouvera d'autres détails sur la valeur des monnaies pontificales aux p. 88, 104, 114, 116 du t. I. et p. 11, 15, 334-335, du t. II de ce précieux ouvrage.

Le Glossaire de Ducange (nouvelle édition publiée par M. Favre) donne la définition suivante du mot « baiocchus:.. Bajocehus perperam pro baiocchus, ab Ital. baiocco, moneta minutior ex cupro, decima scilicet pars Julii.»

, Quant aux bolognini, les éditeurs du Glossaire semblent ignorer qu'ils furent en usage à Rome autant pour le moins qu'à Bologne, dont ils ont tiré leur nom: «Bologninus. Moneta Bononiensis Academicis cruscanis Bolognino, nome di moneta bolognese di valuta di sei quattrini. Steph. de Infestura (*sic*) Ms. ubi de Innoc. VIII PP. vinum non habetur nisi per paucos et id sex aut septem bologninis pro quolibet metreto. »

M. 1488-1490, fol. 12. Cf: A. S. V. Intr. et exit. 1488-1489, fol. 159.

1488. 22 octobre. Anthonio Altoviti magistro zeche alme Urbis florenos tricentos de K. x pro floreno sibi debitos ex declaratione facta in Camera apostolica pro damnis et deterioratione per ipsum Anthonium passa in emendis sexentum (*sic*) libris quatrenorum et ex ordinatione ejusdem Camere... in dicta zecha ad ratiohem perdicionis quinque carlenorum pro qualibet libra dictorum quatrenorum. — M. 1488-1490, fol. 57.

« 19 décembre. De mandato facto die 3 junii flor. sexdecim de Karl. X pro floreno dómino Johanni Francisco de Chigia commissario super monetis falsis deputato, pro ejus et 4 pagarum (?) provisione (?) mensis junii proxime preteriti, sibi numeratos — A. S.V. Intr. et exit. 1488-1489, ff. 185 v°, 187 (paicments analogues en juillet et en août).

1492, 13 juin. Reverendo in X° patri dno Jo. An. Episcopo Grassensi in civitate Avinionensi, etc. gubernatori, etc. Habita in camera apostolica de mandato s. d. n. pape super hoc vive vocis oraculo facto consideratione matura super zecca sive cussione ducatorum aureorum in civitate ista cudendorum et ut primum honori sancte apostolice sedis consulatur et etiam commodo civium et subditorum suorum et ut tam istic quam etiam hic eadem forma quoad monetas servetur duximus inseri presentibus literis capitulum zeche Urbis cujus tenor talis est, videlicet: Quod zecherius zeche Romane tenetur et obligatur cudere seu cudi facere ducatos papales juxta ligam auri ducatorum venetorum, videlicet conformem sagio zeche vel toche (*sic*) de consilio etc., prout in ipso capitulo in libro capitulorum regestrato ubi videbis si vis. Et juxta ipsius capituli formam ac presentium tenorem Paternitas Vestra servari faciat, et curet quod in qualibet extractione auri et etiam ducati in Zecha ista Avinionensi cudendorum servertur (*sic*) ducatus unus per Thesaurarium Dⁿⁱ pape in civitate Avinionensi ac Comitatu Venayssini, qui alios ducatos auri pro illis quos dando sic recipit commutet et saltem semel in anno ducatos ipsos sic servatos ad Cameram apostolicam mictat, ut in Zecha Romana possit an de liga et pondere condecenti fieri examinatio et servata sic forma dicti capituli quoad pondus et ligam ut prefertur. Mictimus etiam Paternitati Vestre in bussula pondus libre romane de quo mentio fit in dicto capitulo et pariformiter pondus ducati ut ad instar ipsius ponderis ducati istic cudendi cum papali ducato romano in pondere et liga correspondeant. Pertinet itaque cure Paternitatis Vestre ut super hiis ad commodum publicum et ad honorem Sedis apostolice moneta aurea predicta istic cudatur et Thesaurarius predictus congruis temporibus dictos ducatos servandos ad Cameram mictere debeat ad effectum premissum. Et ita de speciali mandato S^{mi} d. n. pape super hoc vive vocis oraculo nobis facto ac auctoritate nostri Camerariatus officii per eos ad quos spectat observari mandamus : non obstantibus, etc. — A. S. V. Divers. Cam., 1491-1492, fol. 86 et v°.

1492, 13 septembre. Honorabilibus viris Antonio de Altovitis et sotiis zecheriis zeche alme Urbis infrascriptas pecuniarum summas pro solutione et satisfactione totidem per ipsos datarum R^{do}. Patri domino Jo. Gerona apostolice Camere clerico partim ad projicien-

dum populo per vias, partim ad dandum omnibus pre-
latis et officialibus Ro. Curie in capella sancti Silvestri
in die coronatione S. D. N. pape... (Suit le détail)
constituentes in totum summam flor. ad rationem
bol. LXXII pro quolibet duc. — M. 1492-1494, fol. 5.
Cf. fol. 1.

ALEXANDRE VI [1].

(1492-1503).

1495. 11 février. Mgr Jacobus Magnolini de Florentia
aurifex, presidens seu superstans in zecca Smi D. N.
in Urbe presens sponte consensit resignationi facte in
manibus prefati S. D. N. de officio presidentis seu
superstantis in dicta zecca : de quo providetur seu ad
illud deputatur Petrus Mascoli de Calvis civis et mer-
cator romanus; patet per supplicationem sub data
octavo idus februarii, anno tertio. Juravit, etc.—A. S. V.
Divers. Alex. VI, 1492-1496, fol. 158.

1497. 13 février. Duc. septem et bo. 32 similes
vigore mandati facti prima presentis m° Bernardino de
Mutina aurifici, pro factura unius sigilli quietantiarum
Camere. — A. S. V., Intr. et Exit. 1496-1497,
fol. 172 v°.

---

[1] Cinagli décrit 35 pièces frappées sous le pontifical d'Alexandre VI.

PIER MARIA DE PESCIA surnommé Il Tagliacarne.

Vasari ne consacre que deux lignes à cet habile graveur en monnaies et en pierres dures [1], mais les recherches de ses annotateurs et surtout de M. Milanesi ont ajouté de nombreux détails à la biographie de Pier Maria. Nous y apprenons qu'il naquit vers 1455, et que dans les premières années du xvi° siècle il tenait boutique à Florence. Les documents que nous produisons ici nous montrent d'autre part que l'artiste entra au service de la cour pontificale en 1499, au plus tard, et qu'il s'y trouvait encore en 1522. Cette dernière mention a son importance, elle nous permet de reculer de deux ans la date assignée à la mort de Pier Maria par M. Milanesi. On trouvera plus loin, dans la notice consacrée à Camelio, le bref par lequel Pier Maria fut nommé graveur de la monnaie pontificale, en 1515.

1499, 24 août. Dilecto, etc. Petro Marie Antonii de Piscia Lucane diocesis salutem etc. Merita tue devotionis et fidey quas ad S^mum dn̄m n̄m papam et Sanctam Sedem apostolicam geris spem nobis indubiam pollicentur ut ea que tibi committenda duxerimus prudenter et fideliter exercebis. Cum itaque officium fabri tiparii quo cuditur moneta zecche Urbis

---

1. « Accrebbe poi in maggiore eccellenza questa arte (la gravure en pierres dures) nel pontificato di papa Leone decimo per virtù ed opere di Piermaria da Pescia, che fu grandissimo imitatore delle cose antiche (Ed. Milanesi, t. V, p. 367, 370).

quod quondam Nardus de Corbolinis sibi ad ejus vitam
aut alias concessum exercebat, per obitum ejusdem
Nardi qui in Romana Curia diem clausit extremum,
vacaverit et vacet ad presens : nos volentes te quem
in hujusmodi exercitio incidendi tiparios hoc tempore
omnes alios antecellere cognovimus favore prosequi
gratioso officium predictum sic vacans cum omnibus
illius honoribus, oneribus et emolumentis consuetis tibi
quoad vixeris per te vel alium substitutum idoneum a
te deputatum quotiens impeditus fores duntaxat exercendum auctoritate nostri Camerariatus officii concedimus et assignamus. Decernentes te ex nunc ad dictum officium ejusque liberum exercitium admittendum
fore et admitti omnesque et singulos tam zecche dicte
Urbis quam Marchie Anconitane tiparios pro cudenda
moneta hujusmodi fabricari facere habentes ad te duntaxat pro illis fabricandis et habendis accedere et illa
de competenti mercede prius tibi satisfacto ad reci-
pienda teneri debere. Et nichilominus tibi quoad
vixeris ab eodem officio invitus absque rationabili
causa amoveri nequeas eadem auctoritate etiam pro-
sentium tenore concedimus pariter et indulgemus. In
quorum, etc. — A. S. V. Divers. Cam., 1497-1499,
fol. 246 et v°.

1505. 11 avril. Florenos centum auri de Camera
vigore mandati sub die xviii maii de anno 1504 proxime
preterito mag⁰ Petro Marie Florentino pro manufactura
et regalibus sibi obvenientibus in confecisse (*sic*)
stampam plumbeam pro litteris apostolicis et bullis
fe : re : D. Pii pape III, numeratos pro eo Antonio Altoviti et sociis — fl. 135, 30 — A. S. V. Intr. et
Exit. 1504-1505, fol. 176 v°.

1516. 10 avril. Duc. viginti unum auri de camera de mandato sub die XX^mo septembris Petro Marie magistro stamparum pro ejus provisione trium mensium inceptorum decima nona januarii usque ad XIX presentis finitorum — A. S. V., Intr. et Exit. 1516, fol. 161.

1520 [1]. 20 février. Addi 20 di febraio ducati 54 di Camera pagati a M. Pier Maria soprastante porto cont. per anni tre prossimi finiti addi 20 di dicembre 1520 passato a duc. 18 l'anno (autre paiement pour les honoraires du premier semestre de 1522). — T. S. 1521-1525, ff. 16, 17.)

Jules II

(1503-1513 [2].)

1504. 21 mars. Bernardo ser Silvani de Florentia offitiali ponderatori auri et argenti zecche Urbis et

---

[1] Date douteuse, peut-être faut-il lire 1524.

[2] Le nombre des monnaies émises par Jules II ne s'élève pas à moins de 93 (Cinagli). On a lu ci-dessus le passage d'Albertini relatif à l'établissement d'un nouvel atelier monétaire. Fea complète comme suit les renseignements fournis par cet auteur : « La Zecca in Banchi ove fu battuto il giulio, e il mezzo ossia il grosso, da lui (Jules II) per la prima volta introdotto nel 1508. » Cf. Vettori, *Il Fiorino d'oro illustrato*, p. 254 ; Garampi, *Saggi di osservazioni sul valore delle monete antiche*, p. 41 ; Cancollieri, *Storia de solenni possessi de sommi pontefici*. Rome 1802, p. 59, n° 2 ; Fea, *Notizie intorno Raffaele Sanzio da Urbino*. Rome 1822, p. 51 ; enfin Gregororius, *Storia della città di Roma*, t. VIII, p. 141.

On trouvera un certain nombre de documents inédits sur les ateliers monétaires de Rome X et de l'État ecclésiastique dans les Archives secrètes du Vatican : Pii III et Julii II Diversorum, lib. I. 1503-1505, ff. 106-108 v°, et vol. LXI, ff. 131 v°, 132, 132 v°, 300 v° ; Intr. et Exit. 1507-1508, ff. 157, 166, 185 v°, 220 v°, etc.

Curie Romane salutem *in* domino... Exigit integritas,
fides... ut te... honoribus prosequamur... Hinc est
quod nos te in offitialiem ponderatorem zecche alme
Urbis et Curie Romane ad unum annum proxime futurum a data presentium incipiendum et computandum
cum salario, honoribus, oneribus... facimus, constituimus, etc.—A. S. V. Divers. Pii III et Julii II lib. I,
fol. 78.

1505. 7 avril. Florenos sexaginta auri de Camera
vigore mandati sub de VI februarii d. Bernardino Ser
Silvano ponderatori cicche (*sic*) pro suo sallario (*sic*) et
unius socii mensium decem finitorum XXI januarii
presentis anni ad rationem florenorum sex similium pro
quolibet mense numeratos sibi = fl. 81., 18 (paiements analogues jusqu'en 1522[1]). — A. S. V., Intr. et
Exit. 1504-1505, fol. 175; 1506-1507, fol. 162, etc.

1507. 27 septembre. Duc. viginti auri de camera...
Bernardo Ser Silvani ponderatori zecche pro emenda-
tione et justificatione bilancium et ponderum dicte
zecche, numeratos sibi : fl. 27, 6, — A. S. V., Intr. et
Exit. 1506-1507, fol. 217 v°. M. 1500-1508, fol.
134 v°, etc.

1508. 28 avril (au même.) Duc. quindecim auri...
pro ejus mercederecipiendi et incidendi monetas vete-
res in Zecha. — A. S. V., Intr. et Exit. 1507-1508,
fol. 183.

---

[1]. Bernardino était en même temps chargé de fournir le ceinturon de
l épée d'honneur distribuée chaque année par le pape : 1517. 28 décembre.
« Duc. quindecim auri largos de mandato sub die II hujus Bernardino ser Syl-
vani ponderatori zecche pro cingulo ensis quam (*sic*) dono dedit S. D. N.
quolibet anno in festo Nativitatis D. N. Jesu Christi — fl 180. 7. 6. » (etc.
etc.).

1508, 13 octobre (au même.) Duc. quindecim auri...
pro ejus salario et mercede in actando pondera singu-
lorum capsiorum (?), aurificum et aliorum in Urbe
commorantium, numeratos eidem. — *Ibid.*, fol. 226
v° Cf. ff. 150 v°, 157, 161 v°.

1504, 22 mars. Raphael, etc. Dilectis nobis in
X° Laurentio de Valeranis civi ro. de regione Columnæ
intendenti exercitio Zecchæ almæ Urbis et curiæ ro.
officiali sal. in Domino.

Cum officium seu locus in Zeccha quod et quem
quondam Joannes Mathei Mariani Joannis Sanctis civis
etiam Ro. de dicta regione dum viveret obtinebat per
obitum ejus Joannis sicut nobis exponi fecisti in Urbe
ipsa nuper et sine filiis masculis rectaque linea de-
functi per obitum hujusmodi (?) vacaverit, et vacet
ad presens : Nos viso qd. ad nostrum spectat camt.[um]
officium de ipso disponere, te quem talem invenimus
et fide dignorum testimonio pro idoneo comprobatum,
sperantes ut que committenda tibi duxerimus accuratis-
sime et fideliter exequeris, de mandato, etc., auctoritate, etc. te in officialem et unum ex officialibus Zecche
predicte cum honoribus... facimus, creamus, constituimus.. presentibus ad unum annum et deinde ad
beneplacitum nostrum duraturis [1]. — A. S. V. Pii
et Julii II Div. lib. I, fol. 77.

1505, 20 février. Florenos ducentum (*sic*) viginti
unum cum tribus quartis alterius floreni auri de Camera vigore mandati... Domino Antonio Segni ce-

---

[1] Le 27 juin 1504, Franciscus de Vanutiis, citoyen romain, est nommé
notaire de la Monnaie. — Ib. fol. 117.

cherio romano[1], videlicet flor. 75 3/4 similes pro re-
compensa librarum 75 argenti ex ordinatione Camere
apostolice, vigore capitulorum cum eadem initorum,
in tot bol. dicti ponderis cusos et fabricatos, et post
modum certis bonis respectibus et de mandato Camere
conflatos et flor. 146 similes pro libris 473 carlenorum novorum pro tot antiquis nulla habita ratione
fabrice, constituentes summam predictam, numeratos
ipsi = Fl. 300, 22. — A. S. V. Intr. et Exit., 1504-
1505, fol. 162.

1505, 5 mai. Flor. quingentos auri de Camera...
Segni et sociis ceccheriis Cecche romane pro dispendio
quatrenorum... cusorum qui... fuerunt conflati =
Fl., 677, 6. — *Ibid.*, fol. 179 v°.

1506, 12 février. Duc. ducentos septuaginta duos
auri de Camera de mandato sub die primo presentis,
Antonio Segni et sotiis magistris Zeche in quibus reperti
sunt creditores Cam. ap. pro pensionibus domorum, salario ministrorum et aliis expensis factis ad usum dicte
Zecche, prout latius apparet in dicto mandato. —
A.S.V., Intr. et Exit., 1506, fol. 179 v°. Voir aussi
fol. 195 v°.

1507, 8 juillet. Duc. centum octuaginta auri de
Camera et bol. 29... Antonio Segni et sociis zecche-
riis, in quibus restabant creditores in Cam. ap. occa-
sione pensionis domorum et aliarum impensarum dicte
Zecche, numeratos dicto Antonio = Fl. 244, 21. —
A. S. V., Intr. et Exit. 1506-1507, fol. 199 v°.

« 23 juillet. Duc. triginta duos similes, vigore dicti

---

[1] Voy. sur ce personnage les Divers. de Pie III et de Jules II, liv. I, 1503-
1505, ff. 132 v — 138, 183 et 1504-1513, II., 134-137 v°.

mandati, Antonio Segni collectori Zecche pro sua provisione nove domus Zecche Perusine et diversis aliis
expensis in conducendis fabricatis dicte Zecche, numeratos sibi — fl. 43, 24. — *Ibid.*, fol. 203 v°.

« 30 août. Ducatos centum viginti tres auri de Camera... Antonio Segni et sociis magistris Zecche pro
factura mille ducatorum de quatrenis et pro aliis in-
teresse (?) in moneta, numeratos sibi. — fl. 166, 40.
— *Ibid.*, fol. 210 v°.

1508, 9 février. Ducatos trecentos triginta duos
cum dimidio auri de Camera... Antonio Segnio zeche-
rio pro commutatione duc. ducentorum auri quos per-
mutavit de mense januarii et februarii MDVII ad
monetam novam et reduxit cum impressione S. D. N.,
et pro commutatione duc. duorum millium quingento-
rum sexaginta septem monete antique incise fracte et
reducte ad monetam novam cum impressione S.
D. N., de mense Junii MDVII, item ad computum
mercedis duc. quinque millium octingentorum et viginti auri cusorum cum impressione S. D. N., videlicet tertiorum juliorum, baiochorum et mediorum
baiochorum a die VII januarii MDVII usque in diem
XXIIII decembris dicti anni ad rationem duc. octo
vel circa pro quolibet mille duc. — fl. 332, 10.

Dicta die solverunt duc. ducentos triginta sex similes vigore mandati... prefato Antonio Segnio, videlicet
ducentos pro fabricatura duorum millium duc. de quatrenis, ac decem pro pensione domus Viterbii in qua
fabricantur monete ad usum Zeche, necnon viginti sex
pro majori valore argenti in dictis quatrenis per eum-
dem Antonium de argento fino posito ultra pactum
conventum cum Camera, prout in capitulis et delibera-

tione facta in dicta Camera. — fl. 236. -- A. S. V.,
Intr. et Exit., 1507-1508, fol. 166.

1508. 6 mai. Ducatos centum viginti, sol. 8, d.8 (*sic*),
similes... Antonio Segnio et sociis magistris Zeche, de
quibus deductis deducendis reperiuntur creditores
Cam. ap. ratione computorum anni quarti D. Julii,
pape II, super materia Zecce revisorum, etc. — fl.
120, 18, 8. — *Ibid.*, fol. 185 v°.

» 19 septembre. Duc. octuaginta quinque, solidos
XV et den. II aur. de Camera... Antonio Segnia (*sic*)
et sociis magistro Zecche, in quibus deducti hiis in
quibus propter defectum ponderis et lige grossorum
et aliarum monetarum quas cudi fecerunt in presenti anno Camera erat creditrix, ipse restat creditor
dicte Camere ratione pensionis domorum et salariorum solutorum ministris Zeche. — A. S. V., Intr. et
Exit., 1507-1508 *bis*, fol. 220. Voy. en outre Divers.
vol. LX, fol. 116.

1507, 7 juin. Duc. viginti quattuor auri de Camera
vigore similis mandati Francisco Bellaccio ponderatori
monete nove sub die prima aprilis pro ejus provisione
sex mensium finitorum ultima decembris proxime
preteriti, numeratos sibi — fl., 32,36 (paiement ana-
logue pour six mois, finis le 30 juin 1507). — A. S. V.,
Int. et Exit., 1506-1507, ff., 193, 193 v°.

1507, 17 novembre. Duc. septuaginta quinque auri
de Camera vigore mandati d. thesaurarii sub die VIII
presentis m° Jo. Petri M°[1] pro valore diversarum stamparum tam ad usum Zecche Urbis quam Perusii usque

[1] Pior Maria de Poscia?

in diem VIII presentis, prout patet in computis per eum exibitis (*sic*) in Camera apostolica Rdo patri d. Lau. Puccio, clerico Cam., et per eum visis et moderat (is). — fl., 101, 45.

1509, 6 juin. Duc. sex auri de Camera de mandato dicti (thesaurarii) sub die prima maii magistro Laurentio Grosso [1] noviter electo ponderatori Zecche alme Urbis pro sua provisione mensis aprilis proxime preteriti, numeratos eidem (paiements analogues en 1510, 1511, 1512 et 1513). — A. S. V., Int. et Exit.,

[1] Un manuscrit de la vie de saint Éloi, donné à la corporation des orfèvres de Rome par Lorenzo Grosso, contient sur cet artiste la mention suivante :

1533. « Laurentius Grossus aurifex Januensis qui Rome perpetuo aurificinam exercebat, quum Innocentio octavo, Alexandro sexto, Pio tertio, Julio secundo, Leoni decimo, Adriano quinto (*sic*), Clementi septimo, Pontificibus Maximis Respublica christiana dedita esset, hunc divi Eligii vite librum fabrum (? (et) giolistarum arti (?) Rome agentium donat anno presenti salutis humani generis millesimo quingentisimo trigesimo tertio. »

En 1509, nous trouvons Lorenzo parmi les fondateurs de la corporation ; en 1526, il remplit auprès d'elle les fonctions de consul. M. Bertolotti affirme que l'artiste vivait encore en 1541 (*Artisti subalpini in Roma nei secoli XV, XVI e XVII*; Turin, 1877, p. 20).

Le chapitre XLV des statuts de la corporation des orfèvres de Rome (1509), règle comme suit les devoirs et les droits des chefs de la corporation vis-à-vis de la Monnaie pontificale :

« De quelli che devono esser proposti alla Zeccha.

Li consoli et camerlinghi presenti et futuri siano tenuti ogni di andare alli padroni della Zeccha se saranno ricercati per le cose solo opportune et consuete della Zecca, et li debbiano fare quello che son soliti fare con honore et aggravezza consuele sotto pena di doi carlini per ciaschuna volta, et diligentemente veder le monete, et far tutte altre cose che a essi si appartengono, si de ragione quarto che di consuetudine. Et se li consoli recusassero, overo non fossero idonei : overo per legitima causa fossero impediti da essi, e dalli conseglieri se debba deputare uno idoneo con salario et emolumenti consueti. »

1508-1509, fol. 194. Cf. M., 1513-1523, fol. 39 et
Divers. Leonis X, 1513-1514, ff. 1-2.

1509. 18 Déc. Julius Papa II. Dilecte fili salutem, etc.
Inducti pridem meritis et virtutibus tuis ac scientia
argentarie et monetarie rei te Zeche alme Urbis nostre
superstantem ad annum a data literarum desuper
confectarum... et deinde ponderatorem ad grossum ad
triennium, cum primum ad illud te conferres inchoan-
dos et ultra ad beneplacitum nostrum per alias nostras
sub annulo piscatoris literas deputavimus, prout. in
illis plenius continetur. Cum autem experientia teste
cognoverimus perutile ipsi Zeche et Camere Apostolice fore, fidesque, integritas et prudentia tua alias
nobis nota in dies magis probata multaque grata nobis
et apostolice Sedi obsequia impensa aliaque tuarum
virtutum merita exposcunt ut etiam officia predicta
quoad vixeris tibi conferantur et assignentur : Nos
meritorum et obsequiorum predictorum rationem habere et ejusdem Camere utilitati pro ministerio pas-
toralis officii consulere cupientes, motu proprio, non
ad tuam seu alterius pro te nobis super hoc exhibite
petitionis instantiam, sed de nostra mera voluntate et
ex certa scientia, superstantis et ponderatoris officia,
ut prefertur, tibi concessa literasque predictas cum
omnibus clausulis in eis contentis ad tempus totius
vite tue duratura extendimus et ampliamus. Teque
etiam pro potiori cautela quoad vixeris superstantem
et unicum ponderatorem Zeche, nostre predicte, ita
quod de superstantis et ponderatoris officiis hujusmodi ut de aliis officiis Apostolice Sedis per illos obti-
nentes disponi potest de illis disponere possis. Cum salario, emolumentis, facultatibus, honoribus et oneribus

consuetis facimus, constituimus et presentium tenore deputamus. Mandantes ven[ii] fratri R. Episcopo Portuensi Camerario nostro etc. ut superstantem tua vita durante etc. recipiant etc., etc. — Dilecto filio Laurentio Grosso civi Januensi, familiari nostro, ac Zeche alme Urbis nostre superstanti et ponderatori. — A. S. V. Divers. Cam. 1504-1513, fol. 65 v°-66 v°.

1510, 20 janvier. Duc. sex auri de camera de mandato sub die p° presentis Laurentio Grosso joyllerio s. d. n. et ponderatori zeche pro ejus provisione mensis decembris preteriti, numeratus eidem (paiements analogues le 25 janvier et le 2 mars). — A. S. V., 1509-1510, ff. 158, 158 v°, 168 v°, 182 v°.

» 24 avril. Centum tres florenos similes vigore mandati sub die ut supra nobis ipsis pro totidem ex commiss:one bo. m. R. Henrici thesaurarii pro totidem... quos fecimus solvere magistro Laurentio Grosso ob diversas expensas factas in servitium s. d. n. et ob pretium unius vestis donate uxori ipsius Laurentii.

1513, août. Laurentio Grosso ponderatori zeche duc. sex auri de camera. — A. S. V., Intr. et Exit., ff. 171, 196 v°.

CARADOSSO.

Les découvertes faites dans les dernières années ont jeté une vive lumière sur la biographie de ce maître éminent, dont l'éloge n'est depuis longtemps plus à faire. MM. Caffi et Bertolotti nous ont donné, l'un dans l'*Archivio lombardo* (1882, p. 727), l'autre dans ses *Artisti lombardi*, une série de documents du plus sérieux intérêt. J'ai moi-même eu la bonne fortune de trouver une lettre inédite de Caradosso, le texte d'un contrat d'acquisition fait par lui et enfin son testament [1]. Grâce à l'obligeance de M. le docteur Charles Casati, le savant et heureux explorateur milanais, je suis en état de livrer à la publicité plusieurs documents nouveaux auxquels j'ajouterai des pièces également inédites, provenant des archives romaines. Je commencerai par l'arbre généalogique de la famille Foppa dressé par les soins de M. le docteur Casati.

ALBERTUS FOPPA.
|
CARADOXIUS (1431). — HABITATOR LOCI CESANI
Uxor : BELTRAMINA MARINI.

JACOBUS.	MAPHÆUS I.	ALBERTUS.
P. N. .P S. SYLVESTRI ac testis 1443.		(1468).

|
Jo. MAPHÆUS II.	NICOLAUS.
1476. 1489.	1497.
Uxor: FLORA DE	P. C. P. S.
CARMINALIBUS DE BRAMBILLA	Mariæ secreto
fil. quondam D. Viviani de Bernardigio.	

CARADOXIUS.	NICOLAUS. 1451 (?), 1526.
1452 (?) 1526-1527.	Uxor
	VERONICA GHISULPHIA fil. quondam Juliani.

|
LUCIUS. BERNARDUS. Jo. PETRUS.
1536.

|
Jo. BAPTISTA.	CARADOXIUS,
P. V. P. S. Mariæ ad Cir- culum testavit 1585.	J. C. C. 1595
Uxor : Clara de Campeggi.	

|
CAMILLA. FRANCISCUS. MARSILIUS.

<hr>

[1] *Chronique des Arts*, 13 mars 1880; *Revue archéologique*, janvier 1882; *Gazette des Beaux-Arts*, 1883, t. I, p. 421-424, 491-495.

(Lettre de Ludovic le More à son ambassadeur près la cour de Hongrie) :

« Viglevani, 16 aprilis 1490. Mapheo Triviliensi Noy haveressimo già inviato ad quello serenissimo sig. Re el Bacho de marmoro, insiema cum le galine de India: quando epso Bacho fusse stato integro. Ma essendo in due pezi (como tu say) ne pare che dovendolo mandar alla pᵃ Mᵗᵃ el sia piú conveniente et honore nostro mandarlo reintegrato et aconzo. Et pero havemo diferito de mandarlo et expectamo uno magistro da Roma, el quale intendemo che lo resarcira molto bene, el venuto chel sia non mancheremo de farlo solicitare perche lo reconza presto et bene. Et reassetato chel sia lo mandaremo senza intermissione de tempo alla pᵗᵃ Mᵗᵃ, insiema cum le galine predicte.

Ne mancharemo di fare che Caradosso venghi ancora luy, essendo desiderato da la Mᵗᵃ sua : per el quale mandaremo alla dicta Mᵗᵃ epsi Bacho et galline; come demonstra ella desiderare.

Alle lettere tue de xi del passato quale tochano la spetialita de la Illᵐᵃ Madona Biancha, havendo te per le altre nostre precedente scripto a sufficientia remettendone a quelle per non replicare el medesimo, non faremo altra risposta.—Archives d'Etat de Milan. Raccolta Artisti diversi. Cesellatori, sec. xv. (Communication de M. le Docteur Casati) »

1508, 30 avril. Die xxx dicti solverunt duc. duo millia similes vigore mandati thesaurarii diei vi februarii per introitum et exitum, videlicet duc. mille centum novem auri largos magro Caradosso, in quibus erat creditor

S. D. N. pro diversis margaritis seu gemmis venditis et consignatis sue Sanctitati et duc. mille de K. veteribus pro duc. dño Hyeronimo de Pichis civi romano pro residuo purgationis alvei et riparum fluminis tyberini, et residuum. duc. centum viginti unum b. 25 similes prefato s. d. n. per manus dicti Hyeronimi et Rev. Dñi thesaurarii in tantis totque terliis juliis quos voluit prefata Sanctitas habere pro residuo dictorum duc. duorum millium auri de camera, et sunt ad introitum a Victorio Zelonis in hoc libro fol. 39. — Arch. S. Vat. Introitus et Exitus. 1507-1508, fol. 183.

1509, 3 janvier. Duc. triginta septem auri larghos vigore similis mandati sub die xxviii decembris magistro Caradosio gioylerio s^{mi} d. n. pro pretio trium zaphirorum in modum piri perforat. prefato ad usum rose pontificalis emptorum (a) s. d. n., consignatorum d. Carolo Rotario, numeratos sibi. — fl. 38. 6. — A. S. V. Intr. et Exit. 1508-1509, fol. 153 v°..

1513, 31 juillet. Flor. decem de mandato sub die prima junii magistro Michaeli Francisci Nardini et Caradosso joilleriis et aurificibus S. D. N., videlicet duc. sex auri de camera pro officio joillerii et quatuor de carl. pro officio aurificis pro eorum provisione mensis maii proxime preteriti, numeratos eisdem (paiements analogues pour le mois de juin de la même année). — A. S. V. Intr. et Exit. 1513-1514, ff. 180 v°, 181, etc.

1522, 23 février. Heredes Antonii de Altovitis ad mandatum Camere apostolice exibuerunt coram R^{dis} in Xpo patribus D. Jo. de Viterbio et Jo. de Lerma Cam. ap. clericis infra scriptas gemmas compertas post obitum Leonis X, que fuerunt extimate medio juramento per magistros Caradossum et Gaium ac Antinum et Andream Perinum, videlicet...

1586, 31 janvier. (Inventaire extrait d'un procèsverbal de constitution de tutelle en faveur de Francesco fils de Giovanni Battista, fils de Lucio Foppa.)

Item uno corpo de marmo antico senza testa et senza braczi, et è commune con il detto magnifico sigr. Caradosso suo fratello.

Item uno altro corpo più piccolo di marmore commune, come di sopra.

Item un satiro antico de marmore senza testa et senza brazi et meze le cambe (*sic*), et è commune come di sopra.

Uno calamaro d'argento desfatto con uno torrino avorato de relevo a triumpho [1].

---

[1] On trouvera des gravures du fameux encrier dans l'article ci-dessus mentionné de la *Gazette des Beaux-Arts*. Il ne sera pas sans intérêt de rapporter ici la description qu'en donne un contemporain de Caradosso, Ambrogio Leone, dans un ouvrage fort rare publié en 1525 :

« Ch. XLI. De ingenio et materia sculpture, et quod picturam superat onumeratis ejus generibus.

Quin et nostra tempestate duorum Mediolanensium genere sculptura clarissimorum opera subtilissima et ingeniosissima florescunt atque prædicantur. Alteri Caradossus, alteri Danieles ex familia Arcionum, nomen est. Verum hic in eo genere præsertim pollet, quod niellum novato verbo appellant, neq. aliter in eo splendet, quod vitreum est, ipsi vero fusores smaltum vocant, nam in hisce tanta subtilitate et ratione hic usus esse probatur, ut ab omnibus in ea arte claris summo honore habitus sit, quid quod opera ejus tam mira digestione juncturaque et gratia gaudent, ut antiquorum signa præclarissima ad certamina convocare valeant, interq. salinum confecisse constat ex XIII unciis argenti, est autem uncia pondus septenorum aureorum cum dimidio auri quod Romæ invenit, qui septicentis aureis emit. Nam aureus est nummus ex auro impressus, octoginta granorum tritici pondere.

Caradossus vero eductis imaginibus eminentibusque et sculptis nitidior.

Item quattro piastre lavorate ut supra a figure.

Item una portina d'argento con una Forza de Ercule, lavorata de relevo, et tre altre piastrine piccole lavorate con sopra le Forze de Hercule, et tutte sono parte de esso calamaro ; el resto manca, et sonno commune con il detto sig^re Caradosso, quale le ha in un suo cassono.

Una medaglia de oro con la immagine del principe de Bavera. Pesa cerca scuti 6 de oro, et è commune come di sopra.

Siquidem tum externorum tum italorum palmam tulit, nam excellenti acumine vel artis vel ingenii sua prolata sunt, quæ a Praxitele, Lisippove an a recentiori efformata sint vel periti vix profecto indicabunt. Extat. n. ejus calamarium, ut cætera præclara et nobilia omittamus, ubi omnes artis facultates censentur adesse, quodq. ulterius progrediendi ingenio locum non reliquisse visum est. nam in uno illius latere nudi equis insidentes spectantur, qui auxilio cuidam puero venerant, quem aquila eripuerat in cœlum, illi vero suscipientes alitem puerum deportantem, cum animum propositumq. ostendunt, ut evolare cum equis quoq; velle videantur, ubi eis figuris raptum Gauymedis ostendit. In altero pugna Centaurorum cum Laphitis est. Tertio latere Hercules est, qui Cacum suppositum levaq; gutture illius presso et genu altero cum violentia quadam stomachum calcante, alteraq. os stringente compulsat. Quarto vero Hercules leonem exossans spectatur, adeo pulcre exculptus, ut hominem ira percitum, leonem dolore gementem, prope sentiretis. Ex quibus lateribus ob subtilitatem et operis excellentiam plurimæ sulphureæ tabellæ fusæ sunt, quibus per totam Italiam opus summa cum admiratione spectatum est. Pro quo Joannes Aragoneus Ferdinandi filius mille et quincentos aureos spopondisse fertur, atq. per hæc explicatum magnum ingenium sculptoriæ artis accipiatis, ubi compertum esse arbitramur, utra earum artium sit perfectior. nam perfectior est sculptura ob nobilem circa quam sese exercet materiam, atq. ob ingenii magnitudinem » etc. (Eximii doctoris Ambrosii Leonis Nolani *de Nobilitate rerum dialogus*, 1525.)

(1) 147 monnaies différentes ont été émises sous le pontificat de Léon X (Cinagli). Sur les améliorations techniques que Léonard de Vinci proposa à Léon X pour la frappe des monnaies, voy. Richter : *The literary works of Leonardo da Vinci* ; Londres, 1883, t. II, p. 17-18. Léonard s'est également occupé de composer une poudre pour les moules des médailles : Amoretti, *Memorie storiche su la vita, gli studj e le opere di Leonardo da Vinci* : Milan, 1804, p. 149. Cf. Richter, *loc. cit.*

Una statua de Bacco de bronzo, de peso quasi de librette seicento, de mano de uno valente homo; dicono de Raphael de Urbino, quale è in uno camerino presso el uschio della scala interna che si tiene per detto sig* Caradoxio, et è commune come di sopra.

Uno quadro in tela de sancto Giovanni in uno paese, scuro in sala de sopra, dove stava il sig. Gio. Battista et è commune come di sopra. (Document communiqué par M. le docteur Casati.)

Léon X.

(1513-1521).

Vittore Gambello, surnommé Camelio

D'après les recherches de M. Armand, l'œuvre de ce maître éminent est compris entre les années 1484 et 1523 [1]. Deux de ses médailles nous le montrent en relations avec les papes Sixte IV et Jules II. Les documents ci-après reproduits nous apprennent qu'il fut également au service de Léon X.

1515, 22 septembre. Ducatos septem auri de camera de mandato sub die 20 presentis mensis Victorio Venetiano (Carmelio) magistro stamparum pro ejus provisione unius mensis finiti die 18 proximi mensis octobris, numeratos sibi. — Paiements analogues

Les médailleurs italiens des quinzième et seizième siècles; nouvelle édition, t. I, p. 114-117, t. II. p. 293.

jusqu'au 30 juillet 1517 (*sic*, pour 1516), où l'artiste touche 14 florins, en vertu d'un mandat du 1er juillet 1516, pour son traitement de deux mois, finis le 18 avril[1]. — A. S. V., Intr. et Exit. 1515-1516, ff. 181, 193 v°; 1516, ff. 152 v°, 217; 1516-1517, fol. 182.

1520, 20 janvier. Raphael, etc. dilecto nobis in Xpo Antonio de Ferreriis[2] aurifici romano, salutem, etc. Exigunt tua merita quibus probata experiencia te apud nos in assagio monetarum pro tempore excusarum laudabiliter commendant ut id tibi concedamus per quod Zecche alme Urbis in eo ministerio consulatur ac tuis commoditatibus oportunum fore dignoscitur. Cum itaque tu nuper offitium assagiatorum Zecche et commune Urbis quod antea exercebas in manibus nostris sponte et libere resignaveris nosque resigna-

---

[1] L'*Archivio storico italiano* (1866, t. III, p. 221), a publié le bref de la nomination de Camelio et de Pier Maria de Pescia :

1515, 24 juin. « Volentes providere ut in zechis tam alme Urbis nostro quam etiam provinciarum nostrarum Marchie, Patrimonii et ducatus Spoletani monete pulcriori modo quam sit possibile cudantur; adeo audita peritia prout nobis a fide dignis relatum fuit dilectorum filiorum Petri Marie magistri Antonii Serbaldi florentini et Victorii Carmeli Veneti, qui per plures annos unus Rome, alter vero Veneliis monetarum stampas fecerunt, etiam sub annua provisione non parva; motu proprio etc. eisdem annuam provisionem eorum vita durante ducatorum septem de camera pro quolibet de mense in mensem ratam ois solvendam per presentes statuimus : et ultra volumus quod zeccherii pro tempore solvant eis pro ferris stamparum monetarum solitum pretium juxta dictarum stamparum qualitatem. Mandantes etc. Datum Rome, apud Sanctum Petrum, die xxiv junii 1515. »

[2] Le 23 février 1548 « Anthonius Mathei de Ferreriis, aurifex romanus, de regione Parionis, » souscrit une obligation de 35 ducats en faveur d'Alexander de Bonattis, de Parme. — A. S. V. Diversorum Julii II, lib. III, 1507-1512, fol. 86 v°

tionem ipsam admittentes dictum cffitium per resignationem hujusmodi vacans cum omnibus juribus, oneribus ət emolumentis consuetis prefato (?) Mario
contulerimus et assignaverimus, prout in aliis nostris
patentibus literis desuper confectis plenius continetur:
Cupientes tamen in futurum ejusdem Zecche utilitati
prospicere cum viro prospicaci (*sic*), diligenti et cogni-
tore metallorum qualis tu existis opus sit ac attendentes
quod fideliter, bene, laudabiliter et prudenter in eodem
officio te gessisti: horum consideratione moti, de mandato s^mi d. n^ri Pape, vive vocis oraculo nobis desuper
facto, et auctoritate, etc. harum tenore tibi quod dicto
Mario cedente vel decedente aut offitium assagiatorum
hujusmodi alias quomodolibet dimittente vel amittente
aut illo quovis modo etiam apud Sed. Apost. vacante
liceat tibi ad dictum offitium liberum habere regressum
illiusque corporalem possessionem per te vel alium seu
alios tam tui prioris tituli quam presentium litterarum
vigore absque alia provisione vel concessione de eo
tibi desuper facienda ut prius retinere in omnibus et
per omnia perinde ac si dictam resignationem minime
fecisses concedimus et indulgemus, mandantes propte-
rea, etc., quatenus tibi in eventum regressus hujusmodi in apprehendenda retinenda possessione dicti
officii efficaciter defensionis auxilio assistant et ad
illud exercendum te recipiant tibique de salario et
emolumentis predictis integre congruis et debitis temporibus faciant plenarie et integre responderi. Non
obstantibus, etc. Datum Rome in Camera Apostolica,
etc. — A. S. V. Divers. Cam. 1520-1522, ff. 50 vo
et 51.

1520. Beatissime Pater. Cum devotus vester Anthonius de Ferreriis, civis romanus, officium assagiatoris Zecche et communis urbis quod obtinet in manibus Sanctitatis Vestre sponte et libere resignare proponat, prout resignat de presenti, supplicat humiliter S. V. devotus illius or. Marius de Ferreriis, aurifex romanus, quatenus resignationem hujusmodi admitten(dam) sibique specialem gratiam facien(dam) offitium predictum cujus fructus etc. duodecim ducatorum auri de Camera secundum communem ex (timationem) va(lorem) an(nuum)[non] ex (cedunt)cum omnibus juribus, pertinentiis, emolumentis, honoribus, et oneribus consuetis quoad vixerit tenen(dum), re(gen um) et gu(bernandum) concedere, conferre et assignare ac ipsum in locum prefati Antonii substituere et surrogare, eumque ex nunc ad dictum officium ejusque liberum exercitium necnon honores, onera et emolumenta predicta, recipiendum et admittendum fore sibique de emolumentis predictis responderi debere et nichilominus prefato Antonio ne ex resignatione hujusmodi muneris dispendium paciatur, quod dicto Mario cedente vel decedente aut offitium predictum alias quomodolibet dimittente seu amittente aut illo quovis modo etiam apud Sedem Apostolicam vacante liceat eidem Antonio ad dictum offitium liberum habere regressum, illiusque corporalem possessitionem (*sic*) per se vel alium seu alios tam sui prioris tituli quam presentis supplicationis vigore absque alia nova provisione tibi (*sic*) facienda ut prius retinere in omnibus et per omnia perinde ac si resignationem hujusmodi minime fecisset concedere et indulgere dignemini de gratia speciali, constitutionibus

et ordinationibus apostolicis, statutis et consuetudini-
bus et juramento etc. roboratis ceterisque contrariis
non obstantibus quibuscumque: cum clausulis oportunis
et consuetis et cum absolutione a censuris ad effectum etc. Et de concessione, provisione, surrogatione
officii predicti ad vitam oratoris ut prefertur et de re-
gressu ad dictum officium per cessum vel decessum
seu quamvis aliam dimissionem seu vacationem (*sic*)
etiam apud Sedem Apostolicam ut prefertur et quod
presentis supplicationis sola signatura sufficiat fidem-
que faciat tam in judicio quam extra absque aliarum
literarum apostolicarum expeditione regula S. V. con-
traria non obstante. — A. S. V. Divers. Cam., 1519-
1520, fol. 185 et v° [1].

1521, 26 avril. Dilecto filio Laurencio de Grossis
laico Januensi salutem etc. Cum tu alias officium
superstantis Zecche alme Urbis fideliter ac diligenter
multo tempore exercueris, illudque ex quibusdam
causis dimiseris ; et in presentia officium ipsum per
liberam resignationem dilecti nobis in X^{po} Gasparis
de Gallo laici florentini de illo quod tunc obtinebat
seu exercebat in manibus nostris sponte factam et per
nos admissam vacaverit et vacet ad presens : nos volentes te qui aurifex et habitator dicte Urbis existis et
in eo officio laudabiliter te gessisti meritorum tuorum
intuitu favore prosequi gratioso officium predictum sic
vacans cum omnibus et singulis suis oneribus, honoribus, salariis et emolumentis consuetis de mandato

<hr>

(1) D'après la transcription de M. le Professeur G. Gatti.

etc. auctoritate etc. et ex decreto in Camera apostolica
facto tibi concedimus et assignamus, teque ad illud in
dicti Gasparis locum substituimus et surrogamus ac
aliorum officialium superstancium zecche hujusmodi
numero et consortio favorabiliter aggregamus, mandantes nichilominus mágro Zecche hujusmodi aliisque
omnibus et singulis ad quos spectat quatenus te visis
presentibus ad hujusmodi officium ejusque liberum
exercitium et honores, onera, salaria et emolumenta
predicta in dicti Gasparis locum recipiant etc. Volumus autem quod ante quam offitium predictum exer-
cere incipias de illud fideliter exercendo quodque
nullum munus preter esculenta et poculenta que triduo
consumi possunt recipien(da) in manibus Camere (*sic*)
solitum prestes juramentum statutis etc. non obstantibus etc. Datum Rome, in Camera apostolica etc. —
A. S. V., Divers. Cam., 1520-1522, fol. 17 et vo.

» 13 décembre. Nos ad providendum necessitatibus
ejusdem Romane Ecc̄sie et Urbis fatemur habuisse
et recepisse a Domino Hannibale milite Hierosolymi-
tano et fe:re:Leonis pape X magistro stabuli septem
paria staffarum de argento et octo fornimenta seu orna-
menta equorum cum dimidio antiquo lacerata veluti
cremesini ex quibus extracte fuerunt libre quinquaginta novem, uncie x et denarii xviii argenti, quod
consignari mandavimus Francisco Canisano adminis-
tratori Zeche Urbis ad effectum eundem pro dictis pro-
visionibus faciendis et ex ipso argento consignari fecimus prefato Hannibali pro ejus regalibus pro summa
quadraginta ducatorum. Idcirco prefatum Hannibalem

de premissis nomine prefati Collegii quitamus et libe-
ramus. — T. S. 1523-1549, fol. 152 (¹).

Adrien VI².

(1522-1523).

1522, 28 février. Alla detta (Camera apostolica)
detto di ducati diciotto di Camera pagati per mandato
de primo di q⁰ a Bernardo Serscivano (*sic*) pondera-
tore della zecha per sua provisione di novembre, dicembre et gennaro passato (divers paiements analogues en 1523, 1524 et 1525) — T. S. 1521-1522, ff. 43
v⁰, 45, 47 v⁰, 53 v⁰, et A. S. V. Intr. et Exit. 1523-
1524, ff. 167, 200 v⁰, etc.

« 19 juin. E a di detto ducati 536 di camera per
duc. 714, baiocchi 41 di carlini, sono spesi in miglio-
ramenti havemo fatti nella Zecca nella casa, come
appare per stima di m⁰ Bartholomeo Marinaro, fatto
per ordine et commessione di Nostro Signore. — T. S.
1521-1525, fol. 17.

(¹) Voy. en outre pour le pontificat de Léon X le registre Divers. 1514,
Lib-II, n° 64, fol. 109, aux Archives secrètes du saint Siège (convention
avec les Fucher au sujet des réparations faites dans l'atelier monétaire de
Rome). Un registre coté n° 59 (1521-1525) est consacré aux comptes des
Fucher avec la monnaie pontificale.

² 49 monnaies ont été frappées sous le pontificat d'Adrien VI (Cinagli).

Clément VII [1].

(1523-1534)

1523 (n. s. 1524), 10 février. Duc. sex similes...
Jeronimo Boschi magistro stamparum pro sua provisione decembris preteriti (paiements analogues en
avril et en mai, au même appelé aussi « Jeronimo
Burgo » [2]. — A. S. V. Intr. et Exit. 1523-1524, ff. 152,
164, 176 vo.

1527, 1 février. Pro mo Gir. Burgi sculptore stamparum S. D. N. mandatur generali thesaurario ut per
manus Strotiorum ei solvi faciat duc. duodecim auri
de Camera pro ejus provisione mensis xbris et januarii
proxime preteritorum ad rationem 6 duc. pro quolibet
mense. — M. 1527 A., fol. 135 vo.

1524, 20 février [3]. E addi detto ducati 18 di Camera
pagati a M. Cornelio cont. soprastante per suo salario
d'uno anno passato. — T. S. 1521-1525, fol. 16 a.

« 24 avril. Addi 24 detto ducati 18 di Camera
pagati a Giovan Pietro Crivella soprastante per suo

---

[1] Le nombre des monnaies de Clément VII s'élève à 120 (Cinagli).

[2] Le successeur de cet artiste ne fut autre que Benvenuto Cellini. Voy.
les *Artisti lombardi a Roma* de M. Bertolotti, t. I, p. 247.

[3] Date douteuse. Plusieurs feuillets portent 1520.

salario di un anno passato [1]. —T.S. 1521-1525, fol.16 a.

1524. 20 septembre. E addi 20 detto pagati a M. Lorenzo Genovese [2] soprastante di Zeca ducati 12 di camera per suo salario de' havere per mesi otto passati.

« 22 décembre. E addi xxii di dicembre ducati 6 2/5 di camera pagati, cioe ducati 5, 12 alli quattro consoli banchieri e tre consoli d'orefici per loro provisione et mancia devono havere a natale prossimo e s. 16 di Camera pagati a m° Antonio saggiatore per la sua mancia et pranzo. (Autre paiement de 57 d. 12 au même.)— T.S. 1521-1525, fol. 16 b.

1524. Copia d'un conto dato é (ai) Fuccari per il soldo della Zecca.

Camera apostolica per conto della Zecca de dare adi xi di giugnio ducati 20 d'oro di camera pagati a m. Ottaviano Castro contanti sopra mandato de la Camera apostolica per suo salario et per instrumenti fatti fare per la moneta nuova.—T. S. 1521-1525, fol. 156.

1531, 2 octobre. Die secunda octobris solvit ducatos centum decem et novem de juliis X pro ducato de mandato predicto sub die 28 junii D. Jacobo Balduccio mag^ro Zecche Urbis [3] pro parte pensionis domus Zecche et salariorum officialium pro mensibus sex inceptis de

---

[1] Voy. sur cet artiste les *Artisti lombardi a Roma* de M. Bertolotti, t. I, p. 254-255, 305, t. II, p. 312.

[2] Lorenzo Grosso.

[3] Ce personnage n'est guère connu que par la mention qu'en fait Benvenuto Cellini dans ses *Mémoires*; Voy. plus loin les documents du pontificat de Paul III qui se rapportent à lui.

mense decembris preteriti — d. 115, b. 43. — T. S.
1531-1532, ff. 50 v°, 60, 75.

BENVENUTO CELLINI [1].

1529, 12 juin. D. venti a jul. X per duc. portò
conti Benvenuto orefice nuovo maestro delle stampe,
quali se li sono donati per havere facto le p° stampe,
come è di consuetudine, a cassa in questo a c(arta) 18.
—Archives d'Etat de Florence, vol. 329, fol. 1.

1533, 13 août. Die mercurii XIII dicti mensis ducatos
sex de juliis X pro ducato de mandato dicti (thesaurarii) sub die XXIII preteriti mag^ro Benvenuto Cellini
magistro stamparum Zecche pro sua provisione unius
mensis incepti XVII preteriti. — T. S. 1533-1534,
ff. 47 v°, 52 v°, 54, 55 v°, 65 v°.

1534, 4 avril. Die sabati III ejusdem ducatos sex
similes de mandato dicti (thesaurarii) sub die II
januarii preteriti Benvenuto Celini olim magistro
stamparum Zecche pro sua provisione mensis incepti
XVII novembis = duc 5 b. 82. — T. S. 1533-1534,
fol. 65 v°.

[1] Parmi les publications consacrées à Benvenuto il nous suffira de rap-
peler les plus récentes : D'Arneth, *Studien uber Benvenuto Cellini*. Vienne
1859; — Campori, *Notizie inedite delle relazioni tra il Cardinale Ippolito
d'Este e Benvenuto Cellini*. Modène, 1862; — *Periodico di numismaticas
sfragistica*, t. I, p. 30, 133; — Bertolotti, *Benvenuto Cellini a Roma*. Milan
1875; et *Artisti lombardi a Roma nei secoli XV, XVI e XVII*, t. I.—Portioli,
I sigilli del Cardinale Ercole Gonzaga. Milan, 1881.—Giraud, *Le sceau de
B. Cellini pour le cardinal de Ferrare*. Paris 1882. — Et enfin l'ex-
cellent ouvrage de M. Plon, *Benvenuto Cellini, orfèvre, médailleur, sculp-
teur*. Paris, 1883.

Pompeo de Capitaneis

Cet artiste est surtout connu par sa fin tragique : on
sait qu'il tomba sous les coups de son confrère Benvenuto Cellini. M. Bertolotti, dans ses *Artisti lombardi a
Roma*, a corroboré par des documents du plus grand
intérêt le récit du meurtre fait par l'assassin lui-même;
il nous y fait connaître également la date de la nomination de Pompeo au titre de « ponderator » de la monnaie : 7 janvier 1527.

1529, 7 juillet. Magistro Pompeo de Capitaneis
Zecche alme Urbis ponderatori ducatos sex auri de
Camera de juliis X pro quolibet ducato pro ejus provisione unius mensis die xxii junii proxime preteriti
finiti (différents paiements analogues en 1530 et 1531.)
M. 1529-1531, ff. 4, 99 vo. T. S. 1531-1532, ff. 48,
52 vo, 56 vo, 61, 71, 74 vo.

Giovanni Bernardi da Castegbolognese [1].

1534, 3 mars. D. Jo. Bernard. bononiensi et Thome
perusin. lapidum preciosorum ac stamparum sculpa-

[1] Voy. sur cet artiste célèbre : Vasari, éd. Lemonnier, t. IX, p. 236 et suiv.
éd. Milanesi, t. V, p. 374-375. — Mgr. Liverani, *Maestro Giovanni Bernardi
da Castelbolognese, intagliatore di gemme.* Faenza, 1870.—Ronchini, *Maestro
Giovanni da Castél Bolognese.* Extr. des *Atti e Memorie delle RR. deputazioni
di storia patria per le Provincie modenesi e parmensi*, t. IV. — Armand, *Les
Médailleurs italiens*, t. I, p. 137 et suiv.

loribus (*sic*) florenos sex pro juliis X pro quolibet floreno pro eorum provisione mensis februarii proxime preteriti juxta tenorem motus proprii in libro bullettarum sub hac die registrati (paiements analogues en novembre 1534, etc.) — M. 1531-1534 A. ff. 118, 118 v°, 221; M. 1530-153 A, fol. 218. T. S. 1533-1534, ff. 65, 68 v°, 69, 73.

1541, 14 juin. Magistro Johanni de Castro Bononiensi tiporum monetarum Zeche alme Urbis incisori per breve Sanctitatis Sue nuper deputato duc. auri de camera quinquaginta quattuor de juliis X pro duc. pro ejus ordinaria provisione novem mensium kal. septembris proxime preteriti juxta formam dicti brevis inceptorum et ut sequitur finitorum. — M. 1539-1512, fol. 132. 1540-1541 B, fol. 38.

1545, 5 mai. Die quinta maii solvit scuta decem et octo de paulis X pro quolibet scuto in vim mandati sub die 26 martii Johanni de Castro Bononiensi incisori typorum zecche pro sua provisione trium mensium ceptorum die prima aprilis. — T. S. 1545, ff. 62, 64 v°, 76 v°.

PAUL III [1].

(1534-1549.)

1534, 11 octobre. Habuit ducatos quinquagin a unum, b. xxviii similes a domino Iacobo Balduccio

---

[1] Le nombre des monnaies de Paul III s'élève, d'après Cinagli, à 166.

magistro Zecche et sunt pro totidem quos restat habere in uno suo mandato sub die xviii decembris preteriti. — T. S. 1533-1534, ff. 18 vo, 62, 62 vo, 67, 75.

. 1535, 23 décembre. Ducatos, centum decem et novem auri de juliis X de mandato R^di P. D. thesaurarii sub die xiiii hujus Iacobo Balduccio magistro Zecchæ Urbis pro quarta parte pensionis domus ubi fit zeccha, incepta de mense junii et successive finita, et pro salario officialium dicte zecche.—T.S.1535-1536 A, ff. 111, 157 vo. T. S. 1537-1538, ff. 94, 142. M.1539, fol. 91. T. S. 1539-1544, ff. 122, 122 vo; 1540-1541, fol. 4.

1541. Die xvii maii solvit ducatos septuaginta novem 1/3 de juliis de mandato ordinario sub die 30 novembris Jacobo Balduccio olim magistro Zecche Urbis pro parte pensionis domus ipsius zecche pro quatuor mensibus inceptis de mense junii et pro salario officialium — d. 79. 6. 8. — T. S. 1541 B., fol. 81.

1541, 30 décembre. Dicta die ducatos mille quingentos de juliis a Tho(ma) Cavalcan(ti) Jo(hanne) Geral(di) et sociis pro residuo sculorum III^m promissorum pro compositione facta per Jacobum Balduccium, olim magistrum Zecche in sua causa. — T. S. 1541 B, fol. 33.

1540, 14 octobre. Die xiiii octobris solvit ducatos sex de juliis de mandato sub die prima hujus Gaspari ponderatori Zecche pro sua provisione hujus mensis. —T.S. 1540-1544, fol. 85 vo.

1540. 9 décembre. Magistro Dominico Guarinaccio aurifici et Zecche alme Urbis assagiatori ducatos quattuor auri de Camera de juliis X pro quolibet ducato pro ejus provisione ordinaria dicti officii assagiatoris a die xviiii novembris proxime preteriti usque ad finem presentis mensis decursa et decurrenda, ad rationem trium ducatorum similium quolibet mense juxta formam patentium cameralium sibi desuper concessarum. —M. 1540-1543, fol. 11 v°.

1542, 27 juillet. Magistro Mazzeo (quondam Joannis de Mazeis) prefato anno quolibet ducatos tricentos similes, ratione provisionis et expensarum aliorumque onerum sibi pro exercitio dicte zecche contingentium. M. 1540 1543, fol. 66 v°.

1545, 26 juin. Die xxvi junii solvit scuta centum septuaginta novem de paulis X pro scuto in vim mandati sub die xvi hujus D. Thome de Cavalcantibus, Johanni Giraldo et sociis zeccheriis alme Urbis pro provisione ministrorum dicte zecche pro sex mensibus finitis die xxvi augusti 1544.

« » Dicta die solvit scuta centum octuaginta duo et b. 60 de paulis X pro scuto in vim mandati sub die vii maii eisdem Cavalcantibus, Giraldis et sociis pro provisione ministrorum notariorum (?) et pensione dicta zecche pro sex mensibus finitis die xxvi februarii proxime elapsi.—T. S. 1545, fol. 72.

1548, 1 juillet. Dicta die solvit scuta octuaginta..... Laurentio de Albizis et Vincentio Castello sociis zeccheriis ad computum mandati de scutis 358 ex causa pensionis domus quam tenebant et illius officialium unius anni cœpti die 25 decembris preteriti.

1535, 27 novembre. Die vigesima septima dicti (novembris) ducatos sex similes per mandatum ejusdem de die sexta decima presentis Thome Antonii perusini sculptori stamparum pro sua solita unius mensis decima octava presentis finiti provisione numerata eidem. — T. S. 1535-1536 A, ff. 104, 111 vo, 118, 126 vo, 131 vo, 145 vo, 153 vo, 159 vo, 169 vo, 174, 179.

1537, 17 juillet. Magister Thomasius Antonii perusini stamparum sculptor habuit mandatum ordinarium de scutis sex auri de camera de jul. X pro scuto pro sua ordinaria provisione mensis supradicti (nombreux autres paiements en 1537 et en 1538). — M. 1537-1541, ff. 13 vo, 25. T. S. 1537-1538, ff. 89 vo, 96 vo, etc.

1541, 10 janvier. Mo Thome aurifici perusino scuta decem pro pretio stamparum ad usum Zecche eidem mo Thome per alme Urbis gubernatorem lenatarum (*sic*) et officialibus dicte zecche consignatarum et traditarum. — M. 1540-1541 A, fol. 217.

LODOVICO DE CAPITANEIS.

Cet artiste, frère de Pompeo de Capitaneis, fut nommé « ponderator » de la monnaie pontificale par bref du 28 novembre 1534. Il conserva cette charge jusqu'au 4 novembre 1551 [1]. Nos documents n'ajoutent qu'un simple détail à ceux que l'on connaissait déjà : le chiffre de ses appointements, six ducats par mois.

1535. 18 novembre. Die decima octava predicti (novembris) per mandatum ejusdem diei decime tertie presentis magistro Ludovico de Capitaneis ponderatori zecche pro sua unius mensis finiti quinta decima presentis provisione, numeratos eidem (nombreux autres paiements analogues ; T. S. 1535-1536 A, ff. 103 v°, 110, 116 v°, 123, 129 v°, 144 v°, 152 v°, 158, 164, 173 v°, 175; T. S. 1537-1538, ff. 88, 95, 102 v°, 111 v°, 121, 130, 133, 143, 148; T. S. 1539-1544, ff. 130; T. S. 1541 B. ff. 37 v°, 44, 52, 65, 75; T. S. 1544-1546, fol. 4; T. S. 1545, ff. 42 v°, 47, 51 v°; T. S. 1548-1549, ff. 37, 44 v°, 53, 63 v°, 69; M. 1549-1550 A. fol. 10, 10 v°, etc.)

LEONE LEONI D'AREZZO

1537. 8 novembre. A M. Leone da Rezzo (*sic*) scoltore scuti diece da julii X per sc. sarano a bono conto

[1] Bertolotti, *Artisti lombardi a Roma nei secoli XV, XVI e XVII*, t. I, p. 292 293.

[2] La biographie de ce maître illustre a été écrite vingt fois. Il suffit de renvoyer à Vasari ; éd. Milanesi t. VI p. 535 et suiv., à Bolzenthal (*Skizzen zur Kunstgeschichte der modernen Medaillen Arbeit*; p. 145-147); à M. Armand, *Les médailleurs italiens*, t. I, p. 162 et suiv.), aux articles publiés dans *l'Art* (1877, t. II, p. 289-293; 1878, t. I, p. 25, 32, 73, 82), par M. de Madrazo ; enfin au *Leone Leoni d'Arezzo scultore e Giov. Paolo Lomazzo pittore Milanese*, de M. le Dr Casati, qui a prouvé que Leone mourut le 22 juillet 1590.

sopra sua mercede per certe medaglie da la Santita di
N. S. ha da fare per metere nelli fondamenti de la fabrica alla detta fortificatione (1). — Fortific. di Roma,
1537-1539. ff. 13, 14 v°, 22, etc.

1538. 17 avril. A M. Bernardino Caparella scudi
vinti, videlicet sc. 20 a julii X per sc. quali saranno
per comparare metallo per medaglie, et pagar quel
che fara il gietto di decte medaglie, a buon conto. —
Fortific. di Roma, 1537-1539, fol. 25.

» 24 juillet. A Leone scultore de Arezo sc. quaranta
a julii diece per s., videlicet s. 40, et saranno per
resto di cento cinquanta s., et per sua mercede
per lo conio di S. S., cioè ritratto in medaglia, et per
il rovescio in le medesime medaglie del popolo romano.
— *Ibid.*, fol. 39 v°.

1539. 4 janvier. Magistro Leoni aretino coniorum
Zeche alme urbis sculptori scutos sex de jul. X pro
quolibet scuto pro sua ordinaria provisione presentis
mensis januarii (Différents autres paiements analogues,
janvier, février et mars, 1541). — M. 1539-1537-
1541, fol. 160; 1540-1541 A. fol. 25 ; 1539, fol. 89 v°
116 v°; 1539-1542, fol. 9.

» 30 mai. Mandamus quatenus ad exitum munitio-
num prefate arcis (S. Angeli) ponatis et describatis
libras ducentum plumbi per vos alias de mandato
nostro mutuo datas mag^to Leoni aretino coniorum

---

1 Il s'agit de médailles à distribuer à l'occasion des travaux de fortifi-
cation de Rome.

Zecchæ alme urbis sculptori, nam (*sic*) Sanctitas sua ordinavit. — M. 1539, fol. 140 v°.

1539, 23 août. Solvi faciatis magistro Leoni aretino coniorum sculptori duc. auri quindecim pro strena (*sic*) coniorum duc. auri de Camera simplicium dupliciumque per eum nuper confect (orum), prout hactenus in causa simili predecessoribus suis dari consuevit et id prout fides peritorum ostendit.— M. 1539, fol. 160 v°; 1537-1541, fol. 241 v°.

1547, 9 septembre. D. Leoni de Aretio scuta quatraginta quinque de paulis X pro quolibet scuto ad bonum computum sue mercedis typorum monetarum per eum nuper fabricandorum usui Zecche in dicta provincia (Romandiole) de proximo aperiende necessariorum. — M, 1546-1548, fol. 289 v°.

ALESSANDRO CESATI, surnommé Il Grechetto

Grâce aux recherches de M. Bertolotti[1] et de M. Armand[2], l'étude de la vie et de l'œuvre de cet éminent médailleur et graveur en pierres dures milanais a fait dans ces dernières années de sensibles progrès. Les documents publiés ci-dessous n'ont d'autre mérite

[1] *Artisti lombardi*, t. I, p. 316-318. Voy. aussi le travail de M. Ronchini dans les *Atti et Memorie della RR. deputazioni di storia patria per le provincie modenesi e parmensi*, t. II, p. 251-261. 1re série..

[2] *Les médailleurs italiens*, t. I, p. 171, t. II. p. 205. Cf. Vasari, éd. Milanosi, t. V, p. 385-386.

que celui de préciser l'époque à laquelle le Grechetto
entra au service de la cour pontificale.

1541, 8 juin. Solvatis domino Alexandro Cesati
stampatori Zecche alme Urbis sculptori... duc. auri de
camera quadraginta octo de juliis X pro ducato pro
suis (*sic*) octo mensium, die prima octobris proxime
preteriti inceptorum et ut sequitur finitorum ordinaria
provisione... cassatum, quia non habuit effectum et
fuit alium expeditum in personam Johannis de Castro
Bononiensi. — M. 1539-1542, fol. 126.

1547, 10 mars. D. Alexandro Cesati et Jo : Jacobo
Bonzoannis parmens. incisoribus typorum zeche alme
Urbis per motum proprium [1]... duc. auri de camera
octo de paulis X pro duc. pro eorum presentis mensis
martii ordinaria provisione (paiements analogues jusqu'au mois de mai 1550). — M. 1545-1548, fol. 131.

1548, 12 avril. D. Alexandro Cæsati mediolanensi
incisori typorum zecchæ ducatos viginti novem et baioc-
cos octuaginta quinque de paulis decem pro quolibet
ducato pro residuo scutorum quinquaginta quatuor
et baiocc. octuaginta quinque pro fabricatura trium
ponzonariarum, videlicet dimidii scuti aurei, dimidii
grossi et baiocchi argenteorum, ad rationem quinque
scutorum pro qualibet ipsarum ponzonariarum, ac
trium ducatorum et bol. 60 pro valore decem pilarum, quindecim torsellorum et reliquos duc. sex et

---

baiocc. 25 pro incisura dictorum pilarum et torsello-
ram per ipsum dominum Alexandrum respective factis
(*sic*). — M. 1546-1548, ff. 273 v°, 274, 1548-1551 ;
ff. 7, 57 v°.

GIOVANNI GIACOMO BONZAGNI.

Les découvertes de MM. Ronchini [1] et Bertolotti [2]
ont singulièrement élucidé la biographie de ce maître.
Par contre, M. Armand a dû déclarer qu'il n'avait pas
réussi à retrouver quelque ouvrage de lui [3]. Nos documents, qui complètent ceux qu'a publiés M. Bertolotti,
servent à préciser le rôle de Bonzagni à l'atelier
monétaire de Rome.

1546, 17 janvier. D. Joanni Jacobo Bonjoannis parmensi (*sic*), incisori typorum Zecche per motum proprium Sue Sanctitatis deputato ducatos auri de camera sex de paulis X pro quolibet ducato pro sua
presentis mensis ordinaria provisione. — M. 1545-
1548, fol. 37.

» 31 août Domino Jacobo Bonjonnis (*sic*) parmen.
(*sic*) incisori typorum Zecche ducatos viginti quinque
auri in auro de camera de paulis X pro ducato pro
una vite sive instrumento et aliis ferramentis pro con-

[1] *I Bonzagni e Lorenzo da Parma coniatori.* Extr. du *Periodico di numismatica e sfragistica,* t. VI, fasc. VI.

[2] *Artisti modenesi, parmensi e della Lunigiana in Roma nei secoli* XV°, XVI°,
XVII° ; Modène, 1882, p. 69-72.

[3] *Les médailleurs italiens,* t. I, p. 220.

ficienda impressione nonnullarum medalliarum de
ordinatione s^m domini nostri facta. — M. 1546-1551,
fol. 43.

» 18 avril. Dicta die solvit scuta sexdecim...
Alexandro Cesati et Jo. Jac° Bonjoanni incisoribus
typorum Zecche pro eorum provisione duorum mensium cœptorum die prima januarii proxime elapsi
(paiements analogues en février en novembre 1549,
en mai 1550, etc.).

1548. 12 avril. Domino Johanni Jacobo Bonjo-
hanni parmensi incisori typorum Zecche ducatos triginta unum et bol. quinquaginta quinque de paulis
decem pro quolibet ducato pro residuo ducatorum 56
et bol. 55 sibi debitorum, videlicet 45 pro fabrica
trium ponzaniarum, videlicet scuti aurei, dimidii
grossi, et quatrenorum, ad rationem quindecim scutorum pro qualibet ipsarum ponzaniarum, ac quattuor
ducatos et bol. 30 pro valore decem pilarum et 19
torcellorum per ipsum dominum Jo. Jacobum respective factorum. (Paiement répété dans un autre registre
sous la date du 12 décembre 1549). — M. 1549-1550,
B., fol. 10. Voir aussi M. 1548-1547, ff. 72, 76 v°,
83 ; M. 1549-1550 A. ff. 2, 3 ; T. S. 1549, ff. 40, 42 v°,
49 v°.

PASTORINO DE SIENNE.

Quoique ce ne soit pas comme médailleur, mais
comme peintre sur verre que Pastorino a travaillé

pour la cour de Rome, nous croyons utile de reproduire ici un certain nombre de documents permettant de compléter la biographie de ce maître pendant une période peu connue de sa carrière.

La vie et l'œuvre de Pastorino ont donné lieu, dans les dernières années, à des recherches intéressantes, parmi lesquelles il nous suffira de citer les travaux de MM. Ronchini [1], Milanesi [2] et Armand [3].

1541. M^{ro} Pastorello vetraro de avere scudi quatro, b. novantasei e quarto per tanti posto dare a libro s. B. a 62 per resto di quel conto — Ed. P., 1541-1542, fol. 16.

1543. A di 27 di genaro da M. Bernardino de la Croce per mandato di mons. Durante sc. cinque, b. settanta per acconciar le stanze de m^o Pastorino in Belvedere per lavorare le vetriate deli fenestroni de la sala [delli Re]. — T. S. 1542-1548, fol. 2, et T. S. 1541-1544.

» 26 février. A di detto a m^{ro} Pastorino per comprare legne et carboni per lavorar li vetri sc. 0, b. 90. — T. S. 1542-1548, fol. 69 v°.

» A di 20 d'aprile a m^{ro} Pastorino sc. sei per le spese d'un mese per dui lavoranti de le vetriate come appare per sua poliza. — *Ibid.*

[1] *Il Pastorino da Siena*, dans les *Atti e Memorie delle RR. deputazioni di storia patria per le Provincie modenesi e parmensi*, t. V 1re série, p. 39-44.

[2] *Vasari*, nouv. édit.

[3] *Les médailleurs italiens*, t. I, p. 188-211; t. II, p. 295. — Voy. aussi Keary, *Synopsis of the contents of the British Museum. Department of coins and medals*; Londres; 1881, p. 47, 48.

1543. A M.r° Pastorino per compare carbone sc. o, b. 45. — *Ibid.*, fol. 70.

» A di 10 di giugno a m.r° Pastorino a bon conto dela sua provisione de le vetriate che fa per la sala deli Re sc. quindici. — *Ibid.*, fol. 71.

» 18 juin. A di 18 detto a mastro Pastorino per carta reale da fare li disegni de le vetriate. sc, o, b. 30. *Ibid.*, fol. 71 v°.

» A di 14 di luglio a m° Pastorino per sua provisione del presente mese de le vetriate dieci scudi. — *Ibid.*

» A di p° di genaro 1544 a m.r° Pastorino et a m.r° Nicolo vetraro per una convencione fatta con loro per finir detta opera delle vetriate sc. dieci per uno a buon conto, che fanno in tutto sc. venti. — *Ibid.* fol. 73 v°.

» A di 4 di giugno per mano di m.r° Pirino [1] pittore a m. Gratiadei mercante a Ripa per tre casse di vetro fiandresco per le vetriate de la sala, conto in tutto con la portatura sc. vent'otto, b. cinquanta. — *Ibid.*, fol. 77 v°.

1545. A di 2 di marcio a m° Pastorino per suo resto come appare sua quitanza sc. 6, b.

» Adi 13 d'aprile a m° Nicolo vetraro sc. tre a bon conto del suo fenestrone ch' ha fatto.

» A di 16 di marcio sc. uno a m° Guido fratello di Pastorino per mancia per le vetriate ch'ha finito al suo fenestrone. — *Ibid.*, fol. 83.

» 28 mai. Adi 28 detto a m.r° Pastorino per resto delle spese ch'ha fatto nella sua vetriata de la Sala, sc.. 2, b. 10. — *Ibid.*, fol. 84 v°.

1546. A di 9 di luglio sc. uno a m.r° Pastorino per

---

[1] Perino del Vaga.

commissione di N. S. per comprare le cose che biso-
gnano in acconciar le vitriate di S. Marco, sc. 1.— T. S.
1545-1548, fol. 94.

1547. 26 août. Sc. due, b. 22 1/2 a m^{ro} Pastorino
vetraro per quello che montano pal. 30 di vetriate
ch' lui ha fatto alle stantie di mons. sacrista, sc. 2.,
22 1/2. — *Ibid.*, fol. 14.

1548. 28 janvier. Addi detto sc., o, b. trenta al
detto m^{ro} Pastorino per altanti dallui spesi in un quadro
di vetro per la lettica della Ecc^{ma} S^{ra} Duchessa d'Urbino. — *Ibid.* fol. 162.

» » B. settanta cinque a m^{ro} Pastorino vetraio per
havere acconcia una vetriata delle stanze di mons. sacrista. — *Ibid.*

GIOVANNI GUERINO, SURNOMMÉ MODERNO (?)

On sait que jusqu'ici, malgré toutes les recherches,
il a été impossible de découvrir le nom et la nationa-
lité du célèbre fondeur de plaquettes, Moderno. fixé
à Rome vers le milieu du xvie siècle [1]. Si je ne m'abuse,

---

[1] Voy. Armand, *Les Médailleurs italiens*, t. I, p. 140.

François de Hollande, dans son traité composé en 1548, classe comme
suit les célèbres graveurs de médailles :

1. Valère de Vicence, graveur de médailles d'or, que j'ai mentionné dans
ce dernier dialogue.
2. Benvenuto, Florentin, que le pape Paul retint prisonnier au château
Saint-Ange.
3. Caradoso, graveur en argent.
4. Et Moderno, qui fit les sceaux des plombs, mais les plus beaux sont
ceux de Valère de Vicence que j'ai cités ci-dessus.
(Raczynski, *Les Arts en Portugal*, p. 87).

le document ci-dessous rapporté résout en partie le problème et nous apprend que Modernus ou Moderno s'appelait en réalité Giovanni Guerino. Il me paraît peu vraisemblable, en effet, que Modernus soit employé ici comme adjectif, dans le sens de actuel[1]. C'est une objection au-devant de laquelle j'ai tenu à aller, sans dissimuler toutefois au lecteur ce qu'il peut y avoir d'hypothétique dans cette tentative d'identification.

1548. 12 septembre. Domino Johanni Guerino Moderno alme Urbis zeccherio scuta centum de paulis X pro scuto, sine retentione, ad bonum computum sue provisionis occasione dicte zecche. — M. 1548-1549, fol. 36.

» **20 décembre.** Die vigesima decembris scuta centum soluta vigore mandati diei XVII hujus magistro Joanni Guerrino Urbis secherio (*sic*) ad bonum computu msui servitii facti.— T. S. 1548-1549, fol. 128 v°.

1549, 27 février. M^ro Joanni Guerino alme Urbis zeccherio scuta centum, de paulis X pro quolibet scuto, ad bonum computum sue ordinarie provisionis. — M. 1549-1550. A., ff. 29, 45 v°, 59, 71 v°, 77 81. T. S., 1549, fol. 45

[1] C'est ainsi qu'un bref de Léon X est adressé « Moderno et pro tempore existenti thesaurario civitatis Perusine » (*Archivio storico italiano.* 1866, t. III, p. 234).

Je réunis ici en note l'indication de quelques autres documents relatifs à l'histoire de l'atelier monétaire de Rome pendant le règne de Paul III :

30 août 1542. Lettera del Cardinal Camarlingo, con cui ad istanza di Ottavio Farnese duca di Camerino concede facoltà a Lorenzo Pintello maestro della Zeccha di Roma di struggere i bolognini, e soldi dei Duchi d Camerino di lui predecessori, di battere nuovi bolognini, e bajocchi colle insegne di detto Ottavio, i quali abbian corso per tutto lo stato ecclesiastico purché siano del peso, e della lega delle monete papali. Lib. 132. Divers. Camer., p. 1.

26 février 1546. Moto proprio di Paolo III, con cui commette ai Zecchieri di Roma l'ispezione sopra tutte le Zecche dello Stato, eccettuate quelle di Bologna, e Camerino. Tom. 142. Diversor. Cameral., p. 148, v°.

1546. Bando sopra le monete. Tom. 150. Diversor. Cameral., pag. 11 v°.

7 juillet 1547. Proibizione fatta dal Cardinal Camarlingo ai Doganieri, Banchieri, etc., di Roma dopo il termine di 15 giorni di ricevere, dare, etc., i papali, o altri grossi che ora corrono per cinque bajochi e mezzo, nè i settimi chiamati Clementi che non sieno del solito peso stabilito nella zecca di Roma, e le altre monete prima bandite. Tom. 151. Diversor. Cameral. p. 83.

... Août 1547. Dichiarazione fatta dal Cardinal Camarlingo sul Bando delle monete emanato il di 7.] Lug. prossimo passato. Tom. 151. Div. Cameral., p. 108. Estratto dei Div. Cameralium, L. IV. A° 2183).

TABLE DES MATIÈRES

Imp. Dumas Varret

MÉDAILLES DE CLÉMENT VII ET DE PAUL III.